AF554513

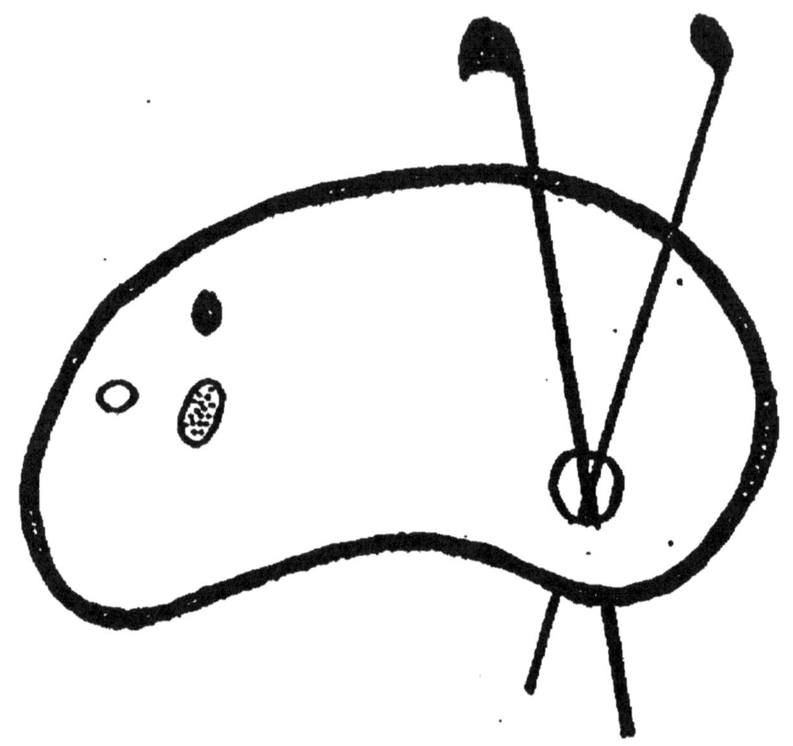

DEBUT D'UNE SERIE DE DOCUMENTS
EN COULEUR

LA RÉVOLUTION EN TARENTAISE

Réponse à M. BORREL, Architecte

PAR

L'Abbé J.-E. BORREL

PROFESSEUR

Licencié ès lettres.

MOUTIERS

IMPRIMERIE CANE SOEURS, SUCC. DE MARC CANE

1889

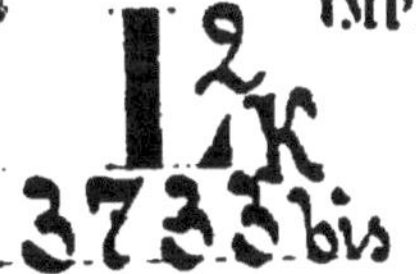

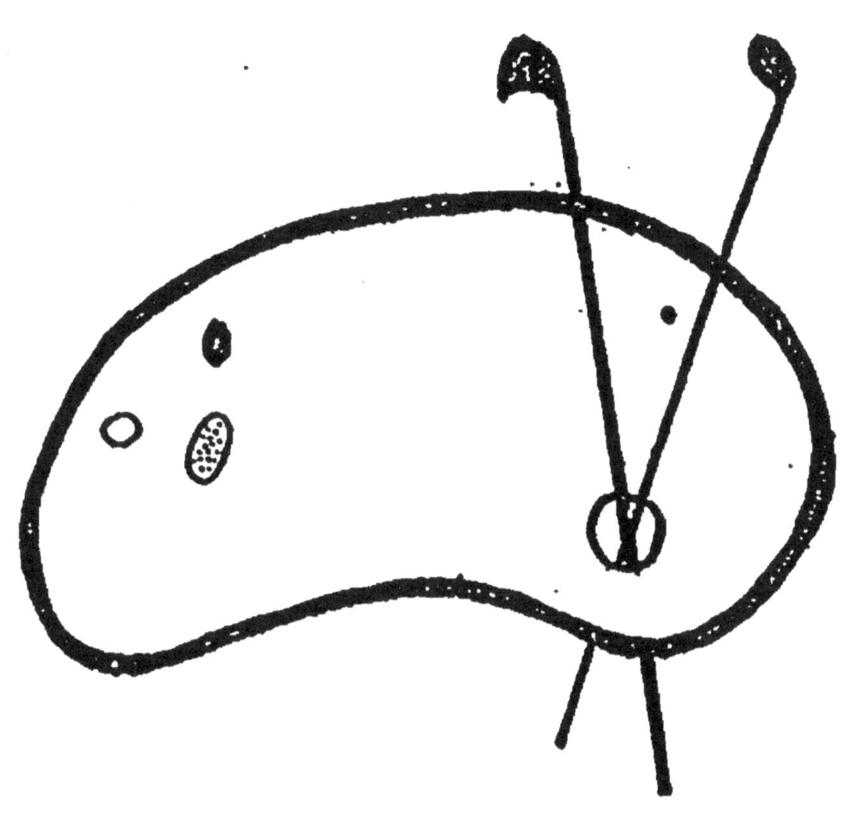

FIN D'UNE SERIE DE DOCUMENTS
EN COULEUR

LA RÉVOLUTION EN TARENTAISE

Réponse à M. BORREL, Architecte

PAR

L'Abbé J.-E. BORREL

PROFESSEUR

Licencié ès lettres.

MOUTIERS
IMPRIMERIE CANE SOEURS SUCC. DE MARC CANE

1889

TABLE DES MATIÈRES

Pourquoi cette brochure 3
Est-il vrai que nous payons deux fois et demie moins d'impôts aujourd'hui qu'en 1790 9
Condition des Bourgeois avant la prise de la Bastille. 31
Condition des Paysans avant la prise de la Bastille 38
La prise de la Bastille. 51
Condition des Citoyens français à l'époque actuelle 58

Pourquoi cette brochure?

M. Borrel, architecte, vient de faire paraître une brochure sous ce titre : *La Révolution en Tarentaise et son centenaire*. Si l'auteur de cet ouvrage s'était contenté d'exposer avec une rigoureuse exactitude la situation de la Tarentaise en 1789, et sa situation en 1889, je ne lui aurais ménagé ni mon approbation, ni mes applaudissements. Malheureusement, il n'en est rien. Descendant des hauteurs sereines que ne doit jamais quitter l'historien impartial, il s'est jeté à corps perdu au milieu de l'arène où s'agitent les partis. Oubliant qu'il était *historien de la Révolution*, il ne s'est souvenu que de sa dignité de *Président du comité républicain*. Dans cet état d'esprit, il a composé un *réquisitoire* contre l'ancien régime, et un *panégyrique* du régime actuel ; mais il n'a pas composé *une histoire*, c'est à dire un *récit fidèle d'événements certains*.

Dans sa brochure, que j'ai sous les yeux, j'ai relevé des inexactitudes nombreuses, des faits présentés sous un faux jour, des accusations injustes, et des erreurs grossières.

Je me serais peut-être désintéressé de tout cela, si je ne savais que M. Borrel a grand *souci de la vérité historique*, comme il le déclare dans sa préface (pag. VII).

J'espère donc qu'il accueillera avec bienveillance les rectifications que je me permets de lui adresser.

Une autre considération m'a en quelque sorte forcé de prendre la plume: c'est que parmi les inexactitudes que je viens signaler, il en est plusieurs qui ne sont pas inédites : M. Borrel les avait déjà publiées dans un mémoire qu'il lut, devant les Sociétés Savantes de la Savoie, réunies en Congrès à Albertville, au mois d'août 1883. J'ai répondu à ce mémoire, au Congrès des mêmes Sociétés, tenu à Montmélian en 1885.

Ma réponse a été publiée. Je regrette

qu'il n'en ait pas été suffisamment tenu compte. Je me vois donc obligé d'en donner une nouvelle édition, qui sera suivie d'une réponse aux erreurs spéciales à la dernière brochure de M. Borrel.

Dès aujourd'hui, je réponds à deux passages de la préface. Je lis à la page VI : « Quel est l'homme digne de « ce nom qui habitué à un régime libé- « ral, consentirait, je ne dirai pas à » vivre sous la tyrannie féodale, mais « à revoir les mauvais jours d'une « monarchie qui remplaçait le droit « par l'arbitraire ? »

La réponse est bien facile. Personne ne désire revoir *les mauvais jours d'une monarchie ;* mais un grand nombre d'hommes, tout aussi *dignes de ce nom* que mon honorable contradicteur, désirent ardemment revoir les *bons jours* d'une monarchie. Près de quatre millions de Français, ont exprimé ce désir par leur bulletin de vote, en octobre 1885. Ce serait le prendre de bien haut avec tous ces électeurs, que de prétendre qu'ils ne sont pas des *hommes dignes de ce nom.* Ajoutez que je ne parle que de la France. Je pourrais vous dire que la monarchie est la forme préférée par les Anglais, par les Italiens, par les Belges, etc. etc, par toute l'Europe enfin, à l'exception de la France, depuis quelques années seulement, et de la Suisse. Croire que toute l'Europe se trompe, qu'elle ne comprend rien aux vrais intérêts du peuple, c'est une prétention insoutenable et ridicule.

Les Allemands ne s'entendent pas mal dans les questions d'intérêt : ils ont fort bien su nous prendre nos milliards ; mais ils n'ont jamais songé à nous ravir la forme républicaine.

La vérité est que la république et la monarchie peuvent être libérales ou tyranniques, suivant les chefs qui sont à leur tête. Le bonheur du peuple ne dépend nullement du nom que portent ceux qui le gouvernent, mais des actes de leur administration. Or, si nous considérons les actes, la comparaison n'est pas toujours à l'avantage de la république : il s'en faut de beaucoup, comme nous le verrons plus loin.

Je passe au second grief que j'ai à signaler dans la préface de la brochure que j'examine. M. Borrel écrit, à la page V : « Les ennemis de la Répu-
« blique feront certainement tous leurs
« efforts pour amener à la Chambre

« une majorité monarchique qui nous « ravirait nos libertés et qui, peut-être, « *engendrerait une guerre fratricide.* »

J'avoue humblement que ce passage me paraît inexplicable sous la plume d'un républicain sincère. Veuillez m'expliquer cela, s'il vous plaît. Comment une *guerre fratricide* peut-elle *être engendrée*, par l'élection d'une *majorité monarchique?* Qui la commencerait cette guerre? Assurément, ce ne seraient pas les monarchistes. A quoi bon la guerre? En majorité à la Chambre, ils feraient ce que M. Gambetta et les 363 ont fait. Par des voies *toutes légales*, le Congrès serait amené à se réunir à Versailles, et là ils décideraient le *retour légal* à la monarchie.

La guerre serait-elle donc provoquée par les républicains?? Comment!! Vous figurez-vous les républicains insurgés contre *la volonté du peuple?* Mais si le peuple est *souverain*, s'il est *tout*, s'il se gourverne *lui-même*, il a *droit* de donner le titre de *roi* à son chef! il a droit à l'*obéissance* : tout le monde, les *républicains compris*, doivent s'incliner devant cette majesté qu'on appelle *suffrage universel.* Si les républicains ne le faisaient pas, s'ils prenaient les armes pour combattre la volonté du peuple, ils seraient en contradiction flagrante avec leurs *propres principes :* dès lors ils perdraient tout droit à l'estime des gens honnêtes, qui ont ajouté une foi trop naïve à leurs déclarations réitérées, et la prétendue *souveraineté du peuple* ne serait sur leurs lèvres qu'un odieux mensonge.

EST-IL VRAI

QUE

NOUS PAYONS

Deux fois et demie moins d'impôts

Aujourd'hui

QU'EN 1790?

M. Borrel a lu au Congrès d'Albertville un Mémoire qui produisit une certaine sensation. C'est une étude sur les impôts en Tarentaise sous l'ancien régime. La conclusion de son Mémoire est que les habitants de la Tarentaise « versent dans la caisse du « percepteur une *somme totale* pour « les *contributions* et les *impôts* deux « fois et demie moindre qu'en 1790, « quatre fois et demie moins forte que « vers le milieu du XVIIe siècle, et plus « de cinq fois plus faible qu'au XIVe siè- « cle. »

Une telle conclusion est au moins surprenante : on ne peut l'admettre avant d'avoir vérifié les preuves sur lesquelles elle repose. J'ai voulu examiner ces preuves, et je les ai trouvées sans solidité.

Avant de le démontrer, je ferai quelques considérations sur les impôts de l'ancien régime.

Remarquons d'abord que les noms des impôts anciens, devenus aujourd'hui presque barbares : laods, plaids, sufferte, servis, etc., cités par mon honorable contradicteur avec une complaisance peu dissimulée, peuvent, il est vrai, apitoyer sur le sort de nos ancêtres quelques lecteurs peu attentifs, mais ils ne sauraient tromper ceux qui ne se payent pas de mots : les mots ne font rien à la chose : les termes de *contribution foncière* et de *régie*, pour être plus modernes que les expressions *taille* ou *gabelle*, ne sont pas moins des noms d'impôts. Ce qui importe, c'est le chiffre de l'impôt, et non le nombre ou la bizarrerie des noms sous lesquels nous le payons.

Au sujet des anciens impôts, le travail de M. Borrel présente une confusion regrettable. Il laisse supposer qu'en 1790, nos ancêtres payaient encore tous ces droits seigneuriaux qu'il se plaît à énumérer : laods, plaids, servis, châtellenies, curialités, alpéages, leyde, etc. La vérité est que l'ancien régime qui est tombé en 1790, ressemblait fort peu à l'ancien régime du XIIe et du XIIIe siècle; la plupart des communes s'étaient affranchies et avaient racheté ces droits seigneuriaux. En n'établissant aucune distinction entre les siècles de l'ancien régime, en laissant supposer que la législation du XIIe siècle était encore partout en vigueur en 1790, M. Borrel, involontairement sans doute, jette l'esprit de ses lecteurs dans une erreur grossière.

Ce qu'il dit des serfs peut également égarer des lecteurs peu familiers avec l'histoire ancienne. On ne s'attendait pas à rencontrer une dissertation sur le servage à propos des impôts de 1790. Il ne faudrait pas croire que le servage est une institution de l'ancien régime, et que l'homme de la glèbe a été affranchi en 1790. L'esclavage remonte plus haut que le moyen âge. On sait que les célèbres républiques d'Athènes et de Rome étaient peuplées de millions d'esclaves et de quelques milliers d'hommes libres seulement. La vérité historique exige qu'on regarde le christianisme comme la principale cause de l'abolition de l'esclavage. Malheureusement, la loi de sainte liberté proclamée par le christianisme n'a été appliquée par les hommes que peu à peu; hier encore, une partie des républicains des Etats-Unis prenaient les armes pour s'opposer à son application. Puisque M. Borrel déclare que le bien-être des paysans est dû à la disparition des privilèges du clergé, on doit regretter qu'il n'ait pas signalé en regard les services rendus par ce même clergé à la cause de la liberté.

J'aurais encore un petit mot à ajouter à ce sujet. M. Borrel dit que la liberté n'a pas été donnée aux esclaves, mais qu'elle leur a été vendue fort cher. Cela me paraît difficile à entendre. Car si le serf, le mainmortable est l'homme dont la main est *morte pour lui*, ne travaillant que pour *un autre*, qui en tire *tout le profit*, comment a-t-il pu payer si cher son affranchissement? On a exigé le 40 0/0 du montant de ses avoirs! Mais le 40 0/0 des avoirs d'un homme qui n'a rien ne forme pas une grosse somme. Et si l'on veut que ce 40 0/0 ait constitué une somme importante, il faut reconnaître que ce serf, que ce mainmortable n'était pas dans une situation aussi malheureuse que celle des anciens esclaves.

Passons maintenant à ce que dit M. Borrel de l'emphytéote. Par le sombre tableau qu'il nous fait de sa situation, on reconnait aisément qu'il avait mis beaucoup de noir sur sa palette. Il n'a négligé qu'une chose : c'est de nous dire ce que c'est que l'emphytéose. C'était cependant important ; car si l'emphytéose est une sorte de bail, on ne doit point s'étonner si l'emphytéote éprouve de la difficulté à payer ses redevances les années de mauvaise récolte ; s'il peut être chassé des terres qu'il cultive, dans le cas où il laisse passer trois ans sans payer les redevances convenues ; s'il ne peut aliéner les biens qu'il tient en emphytéose, sans que le seigneur perçoive un impôt connu sous le nom de laod, etc. Or, d'après Bailly, que M. Borrel cite souvent, l'emphytéose est ainsi définie : « Un contrat « par lequel le propriétaire d'un fonds « de terre, moyennant un certain prix « ou une certaine pension annuelle, le « donne à cultiver pour un temps limité « ou à perpétuité, faisant ainsi passer « sur la tête de l'emphytéote le domaine « utile, et conservant pour lui-même

« le domaine direct. » Par cette définition, on voit que l'emphytéote n'était pas un propriétaire dans le sens actuel de ce mot : c'était un fermier. Sa condition n'était pas très heureuse, mais elle ressemblait à celle des fermiers de nos jours. Peu à peu les emphytéotes se sont affranchis en traitant avec leurs seigneurs, et ils sont devenus ainsi de vrais propriétaires. Nous n'avons pas à examiner s'il était juste que l'emphytéote fût obligé de payer certaines redevances à son seigneur; ce serait faire invasion dans le domaine de l'économie politique, et ressusciter la querelle de l'école qui veut que la terre appartienne au laboureur, et l'usine à l'ouvrier. Une telle discussion n'entre pas dans notre sujet.

Avant de sortir de ces considérations générales sur les anciens impôts, je dois encore attirer l'attention sur une affirmation catégorique de M. Borrel. Je lis, en effet, dans le compte rendu du Congrès d'Albertville, page 189 : « La principale cause de l'écrasement « du paysan pendant l'ancien régime, « par l'impôt, fut l'édit de Charles- « Emmanuel Ier, du 15 novembre 1605, « ordonnant que les seigneurs jouiraient

« du droit de prélation et seraient préférés à tous autres en l'achat des biens « se mouvant de leurs fiefs. . . . Tous « les fonds relevant de fiefs revenaient « donc aux seigneurs. . . . » Or, il paraît certain que ce fameux édit, que M. Borrel signale comme la principale cause de l'écrasement du paysan, n'a jamais été appliqué. Je l'ai lu, il m'a été facile de me convaincre qu'il n'établissait pas un droit nouveau, mais qu'il consacrait un droit ancien. Afin de diminuer le droit de mutation, appelé alors laod, on substituait dans les actes de vente, comme on le fait encore aujourd'hui, un prix fictif inférieur au prix réel. Ainsi le laod se trouvait réduit et le seigneur lésé. Afin de prévenir ces fraudes, on créa le droit de prélation, en vertu duquel le seigneur qui croyait le prix de vente trop peu élevé pouvait se porter acquéreur à ce prix. Charles-Emmanuel Ier, par l'édit du 15 novembre 1605, a essayé de faire revivre cet antique droit, mais il ne paraît pas que sa tentative ait eu de fâcheux résultats pour le paysan. Nous lisons, en effet, dans un ouvrage publié en 1674, dédié à S. A. R. Charles-Emmanuel II, sur l'*Etat de la justice au pays de Savoie*, par noble Charles-Emmanuel Deville, conseiller de S. A. R. et sénateur de Savoie :

« Plusieurs ont cru le droit de prélation éteint, même le président Favre; « néanmoins, il *semble* être encore en « sa vigueur suivant l'édit (celui du « 15 novembre 1605): il n'a pourtant « lieu que dans la vente, et *je n'ai pas « même vu qu'il ait été adjugé, y ayant « apparence qu'il est aboli per non « usum.*» (Voir 1re part., livre Ier, p. 75).

Quand un tel juriste déclare qu'il ne connaît aucune application de cet édit, qu'il est aboli *per non usum*; quand, d'un autre côté, Bailly soutient que cet édit *n'a pas lieu*, l'affirmation de M. Borrel de l'écrasement du paysan par suite de l'édit de Charles-Emmanuel Ier, doit, il me semble, jusqu'à preuve du contraire, prendre place dans la liste des erreurs historiques.

Mais il est temps de sortir des généralités et d'aborder la question purement mathématique.

Est-il vrai que le montant des impôts payés par la Tarentaise est deux fois et demie moins élevé qu'en 1790?

Discutons les chiffres de M. Borrel pour l'année 1790. « La taille royale,

« dit-il, d'après Grillet, était pour la « province de Tarentaise de 128,732 livres, lesquelles multipliées par 2,53, « multiple de la taille pour ses accessoires, la capitation, l'impôt des routes et autres... » Comme nous sommes ici dans le domaine des sciences exactes, les suppositions arbitraires ne sauraient constituer les éléments d'un calcul rigoureux. Je me permets donc de poser à M. Borrel une série de questions :

1° Comment prouveriez-vous que la taille doit-être multipliée par 2,53, et non par un autre multiple, pour connaître le montant réel de la taille et de ses accessoires en Tarentaise ?

2° En supposant qu'à une certaine époque cette multiplication ait été légitime, en était-il encore de même en 1790 ; car nous parlons de cette année-là, et non d'une époque antérieure ?

3° L'impôt de la capitation, dont vous parlez, a été créé en France en 1695: Il a été aboli, puis rétabli ; il ne produisait que 25 millions. Je demanderai s'il existait aussi en Savoie, s'il existait en 1790, et à combien il s'élevait pour la Tarentaise ?

4° Vous parlez de l'impôt des routes comme accessoires de la taille (p. 197).

et, à la page suivante (198), vous dites : « Outre la taille... il y avait le péage des « ponts et des chemins.» Il y avait donc deux impôts : *l'impôt des routes* et *le péage des chemins?* Si, par l'impôt des routes, vous entendez les travaux de construction des routes, cet impôt ne se confondrait-il pas avec les corvées, que vous avez eu soin de ne pas omettre ? De plus, cet impôt des routes existait-il en Tarentaise à l'époque dont nous parlons ? et à quelle somme se montait-il? Il faut, en effet, des données positives pour multiplier par 2,53 une somme de 128,732 livres.

Grillet, à l'endroit cité, parle de la taille et nullement de son multiple 2,53. Si M. Borrel justifie la nécessité de cette multiplication, je n'hésiterai pas à rectifier mon calcul, car je ne poursuis que la vérité. Mais, en attendant de nouvelles preuves, j'inscris pour la taille le chiffre de Grillet, 128,732 livres.

La dîme ecclésiastique était de. . . . 53,938 livres.
La dîme laïque, de. . . . . 1,891 livres.

A la suite de ces nombres, M. Borrel inscrit les droits féodaux pour une somme de 55,829 livres, soit le montant des deux dîmes. Je conteste absolument l'exactitude de ce chiffre. En France, au XVIIIe siècle, la dîme s'élevait à 133 millions, et les droits seigneuriaux à 35 millions seulement, soit quatre fois moins. Etaient-ils donc plus élevés chez nous, ces droits seigneuriaux ? Il faudrait le démontrer. M. Borrel insinue même le contraire ; il a écrit : « Sous « l'ancien régime, les propriétaires « taillables savoyards, pendant *qu'ils* « *furent sous la domination des rois de* « *France*, payèrent *les mêmes impôts* « *écrasants* que les propriétaires tail- « lables des autres provinces. » D'où je conclus qu'en général les impôts étaient plus lourds en France qu'en Savoie.

Mais il y a plus. En 1790, la plupart des droits seigneuriaux avaient disparu : les communes s'étaient affranchies de ces droits en les rachetant. Grillet dit positivement que le montant de l'affranchissement de la Tarentaise était de 139,283 livres. A l'époque dont nous parlons, il ne restait à verser qu'une somme de 15,300 livres en capital, soit une annuité de 800 livres environ. C'est cette dernière somme qui doit être substituée au chiffre évidemment très exagéré de 55,829 livres, figurant sous la rubrique de droits féodaux.

J'ai encore une rectification à faire

au calcul de M. Borrel sur les impôts payés par la Tarentaise en 1790. Il croit que la livre de 1790 et le franc actuel sont dans le rapport de 1 à 4. Sans contester la dépréciation de l'argent, sans nier qu'il y ait une réelle différence entre la livre ancienne et le franc actuel, je crois que le rapport de 1 à 4 est trop élevé. M. Borrel essaie, il est vrai, de justifier ses données en s'appuyant sur le prix des denrées et de la journée des ouvriers. Mais il ne remarque pas que la Tarentaise est un pays agricole, que le bétail y abonde. La difficulté des communications et les douanes rendaient difficile l'exportation du bétail en France ; il devait donc être vendu sur place, par conséquent à bas prix. Ajoutez que les lois de l'abstinence étaient généralement observées, ce qui devait encore avilir le prix de la viande. Aujourd'hui, au contraire, grâce aux comices agricoles, notre race tarine est classée et appréciée à l'étranger ; le chemin de fer nous permet d'envoyer nos vaches laitières dans le midi de la France, et nos moutons sur le marché de Lyon. De plus, la viande est devenue l'aliment le plus ordinaire. Il faut donc éviter de tirer une conclusion générale de quelques faits particuliers que différentes circonstances expliquent. Il ne faut pas dire : la viande est quatre fois plus chère à Moûtiers qu'en 1790, donc l'argent vaut quatre fois moins. Pour que le raisonnement fût juste, il faudrait que tous les objets eussent une valeur quadruple. Or, cela n'est pas. Le pain, par exemple, est-il aujourd'hui quatre fois plus cher qu'en 1790 ?

L'élévation, chez nous, du prix d'une journée d'ouvrier, comparé au prix d'autrefois, ne peut pas servir non plus de base à la valeur de l'argent. Il ne faut pas perdre de vue que notre annexion à la France, la facilité des moyens de transport, ont amené un immense courant d'émigration vers Paris ; la main-d'œuvre dans nos campagnes est devenue rare, et par suite très chère. Aussi un fonds de terre (s'il ne s'agit pas d'un vignoble que le phylloxera a rendu précieux), qui se louait 100 francs en 1790, est loin de se louer 400 f. aujourd'hui : cela devrait être cependant si l'argent avait quatre fois moins de valeur. Je connais des exemples de propriétés louées avec la seule charge imposée aux fermiers de payer les impôts ; d'autres sont affermées pour des prix dérisoires, nullement en rapport avec la valeur vénale. Comment croire, après cela, que les propriétaires dont je parle doivent, pour garder la proportion, payer un impôt quatre fois plus élevé que celui que payaient leurs pères en 1790 ?

Par quel nombre faut-il donc multiplier la livre de 1790 pour avoir sa valeur en francs actuels? — Il est difficile d'indiquer un multiple rigoureusement exact. M. d'Avenel, cité par M. Borrel, fait un calcul d'où il résulte que la livre de Louis XIII vaut 6 francs aujourd'hui. A M. d'Avenel, j'opposerai M. Victor Duruy, dont le nom ne sera pas récusé par M. Borrel. En parlant de Mazarin, qui fut encore ministre de ce même Louis XIII, il dit qu'il laissa en mourant 100 millions, qui en vaudraient *trois* ou *quatre* fois autant aujourd'hui. Donc, d'après M. Duruy, pour trouver la valeur de la livre *trois* ou *quatre* fois plus forte que le franc actuel, il ne suffit pas de revenir à la date de 1790, mais il faut remonter cent vingt-neuf ans plus haut, c'est-à-dire en 1661. Me fondant sur l'autorité de cet historien, je crois être le plus près possible de la vérité, en multipliant la livre de 1790 par 2 1/2. Par suite, voici comment s'établit le compte des impôts en Tarentaise, pour l'année dont nous parlons :

Taille royale.	128,732 livres.
Dîme ecclésiastique	53,938 —
Dîme laïque	1,891 —
Annuité sur les droits féodaux non éteints	800 —
TOTAL	185,361 livres.

lesquelles multipliées par 2,5, donnent 463,402 francs actuels. Si l'on divise cette somme par 49,315 habitants à cette date, on obtient la moyenne de l'impôt, qui était de 9 fr. 39 c. par tête. Nous sommes loin des 35 fr. 45 c. trouvés par M. Borrel.

Cette exagération, toutefois, ne me surprend que médiocrement : elle s'explique en partie par la plus-value donnée à la livre ancienne ; mais, ce qui m'étonne, ce qui me paraît inexplicable sous la plume d'un homme qui traite un pareil sujet, c'est le compte des impôts pour l'exercice 1882, où je ne vois pas figurer les contributions indirectes. Cet impôt pour être indirect, n'est pas moins obligatoire. Quel est le paysan qui peut éviter de payer des *droits de succession* à la mort de son père ? Si le père ne laisse rien ou laisse des dettes, il devra user de *papier timbré* pour renoncer à la succession.

Faisant allusion au Mémoire dont je combats les conclusions, il écrit dans un journal de Moûtiers, numéro du 11 avril 1884 : « J'ai établi que les impôts en Tarentaise étaient, en 1790, de 1,749,396 francs de nos jours, et qu'ils n'étaient que de 482,050 fr. 11 c. en 1882. » Or, ce chiffre de 482,050 fr., qu'il donne comme montant des impôts en 1882, ne représente que les seules contributions directes, c'est-à-dire la plus faible partie de l'impôt, comme nous le verrons bientôt. Avant 1790, au contraire, les impôts indirects avaient une importance relativement minime. En France, les aides ou impôts indirects ne produisaient, avant Colbert, que 1,500,000 livres ; ce ministre les porte à 21 millions de livres, ce qui formait moins du cinquième de l'impôt, qui se montait à 112 millions.

Voici le détail des impôts, officiellement connus, payés par la Tarentaise pour l'exercice 1883. J'emprunte le chiffre des prestations à M. Borrel, tous les autres m'ont été fournis par le ministère des finances :

CONTRIBUTION DIRECTES

Contribution foncière.	Propriétés non bâties .	292.215 04
	Propriétés bâties. . . .	23.433 23
Contribution personnelle et mobilière. .		48.226 86
Contribution des portes et fenêtres. . . .		35.415 05
Contribution des patentes.		53.133 51
Total des contributions directes. . . .		452.423 69

TAXES ASSIMILÉES AUX CONTRIBUTIONS DIRECTES

Redevances des mines..	688 41
Taxe des biens de mainmorte. . . .	6.642 12
Droits de vérification des poids et mesures	1,906 92
Droits de visites des pharmacies et magasins de drogueries	204 »
Contribution sur les chevaux, voitures, mules et mulets	547 24
Taxe sur les billards publics et privés.	145 20
Taxe sur les cercles, sociétés et lieux de réunion	185 05
Total des taxes assimilées. . . .	10.379 »
Rôles des prestations.	42.045 »

CONTRIBUTIONS INDIRECTES

Enregistrement.	178.944 »
Régie des contributions indirectes . .	229.465 »
Postes et télégraphes.	117.350 »
Total des contributions indirectes.	525.759 »

TOTAL GÉNÉRAL : *Un million trente mille six cent six francs soixante-neuf centimes* (1,030,606 fr. 69 c.)

Cette somme, divisée par 34,591 habitants, en 1883, donne 29 fr. 79 c. par tête, chiffre supérieur au triple de celui de 1790.

Il est vrai qu'en établissant le compte de 1790, j'ai dû omettre, faute de données précises, les accessoires de la taille et divers autres impôts, dont le montant inconnu échappe au calcul ; mais, par compensation, j'omets également un grand nombre d'impôts dans le compte de 1883. J'en indique quelques-uns :

1° L'impôt du sang. Je ne conteste ni l'utilité, ni la légitimité du service militaire actuel ; mais, au nom de l'histoire, il m'est permis de dire qu'une partie des impôts payés en 1790 était employée au recrutement de l'armée, composée en grande partie de mercenaires. Si le paysan payait la taille et la dîme, il ne se voyait pas privé de son fils aîné pendant trois ou quatre ans ; il le gardait auprès de lui pour cultiver le champ d'où il tirait le produit de l'impôt. En supposant que la Tarentaise fournisse en moyenne un contingent de cent soldats, et en évaluant à 3.000 fr. le prix de l'exonération ou d'un remplaçant, nous trouvons un nouvel impôt de 300,000 francs. Il n'est donc pas exact de dire que, sous l'ancien régime, les populations rurales ne recevaient *rien* en retour des impôts écrasants qu'elles payaient : elles recevaient des défenseurs pour la patrie, qu'elles fournissent elles-mêmes aujourd'hui en sus de l'impôt. En rappelant ces choses, je ne saurais trop le répéter, je suis loin de louer le système ancien où de blâmer le système actuel : je me borne à constater des faits.

Il est encore juste de remarquer que si les nobles jouissaient de grands priviléges quant à l'impôt, comme le dit M. Borrel, ils étaient par contre obligés au service militaire, au service personnel ; la cavalerie française était composée presque exclusivement de nobles ; cette cavalerie était excellente et formait la véritable force de l'armée. Ces renseignements sont tirés d'un ouvrage peut suspect, dû à la plume d'un inspecteur général de l'instruction publique, M. Chéruel.

Outre l'impôt du sang, nous payons encore :

2° L'impôt du timbre pour achat ou vente des valeurs mobilières, dans les opérations de Bourse.

L'impôt sur les coupons autres que la rente française ;

L'impôt sur les allumettes ;

L'impôt sur les cartes à jouer ;

L'impôt sur les bougies ;

L'impôt sur le papier ;

L'impôt sur les vins, que nous recevons francs de droits de régie ;

L'impôt sur ces mille objets que nous achetons à Paris et ailleurs, et que le négociant nous vend cher, parce qu'il nous fait supporter ses droits de patente et d'octroi.

Tous ces impôts et ceux que j'ai omis sont réellement payés par nous ; mais comme ils ne sont pas versés dans la caisse des receveurs financiers de l'arrondissement de Moûtiers, ils ne figurent pas dans le compte ci-dessus des impôts en 1883,

Comme on le voit, il est impossible d'établir avec précision le montant des impôts d'un arrondissement en particulier. Il est plus facile de connaître l'ensemble des impôts de la France entière.

Or, si l'on additionne les impôts nationaux, départementaux et communaux, on trouve que chaque Français paie de 100 à 110 francs par an, en chiffres ronds.

Il est vrai que la quotité de la Tarentaise sera au-dessous de la moyenne générale ; néanmoins, il y a un tel écart entre le chiffre moyen et celui de 13 fr. 93 c. donné par M. Borrel, que ce dernier chiffre ne peut soutenir un sérieux examen. En toute hypothèse, il est matériellement impossible d'indiquer un nombre inférieur à celui de 29 fr. 79 c., résultant des documents officiels.

De ce qui précède, il m'est permis de conclure :

1° Que les impôts, même en tenant compte de la dépréciation de l'argent, payés par la Tarentaise, ont été beaucoup plus élevés en 1883 qu'en 1790 ;

2° Que, s'il n'est pas facile de préciser dans quelle proportion ils ont été plus élevés, on peut, sans craindre de trop exagérer, dire qu'ils l'ont été trois fois plus.

Cela admis, et il me semble difficile de ne pas l'admettre, je reconnais, d'un autre côté, les points suivants :

1° L'assiette de l'impôt actuel est établie d'une manière plus équitable. Certains privilèges anciens ont pu être dans certains cas excessifs : leur disparition a rendu plus juste la répartition de l'impôt ;

2° Chaque âge profite des progrès accomplis dans l'époque précédente ; nous marchons à l'aise dans les sentiers frayés péniblement par nos pères ; nous cueillons des fruits sur les arbres qu'ils ont plantés ; le commerce et l'industrie, qu'ils ont vus à l'état d'ébauche, nous procurent aujourd'hui une aisance relative; ils font circuler la richesse qui se trouve ainsi à portée d'un plus grand nombre de mains. Pour ces raisons, ne nous est-il pas aussi facile de donner 3 fr. d'impôts, qu'à nos pères 1 fr.? Je ne serais pas éloigné de le croire, et je m'en réjouis avec M. Borrel.

Il est donc établi, à l'aide de *documents officiels*, que les impôts de l'année 1883 ont été, en Tarentaise, 3 fois plus élevés qu'en 1790. D'un autre côté, il est notoire que les impôts n'ont pas diminué, durant les 5 dernières années : il s'en faut de beaucoup. De plus, ces impôts écrasants ne suffisent pas même à solder les dépenses de la nation : chaque année, sous un nom ou sous un autre, la dette publique augmente dans des proportions qui effrayent même les républicains. Après cela, j'ai droit de m'étonner que M. Borrel ait écrit, à la page 15 de sa brochure : «... il est bien évi« dent, pour tout homme de bonne « foi, que le paysan de l'ancien régime « payait beaucoup plus que le laboureur « de nos jours. » Je réponds que je ne reconnais pas à M. Borrel le monopole de la bonne foi : j'en revendique une part égale à la sienne, et je trouve que ce qui est *évident* c'est que la Tarentaise paye beaucoup plus aujourd'hui qu'autrefois.

J'aborde maintenant les erreurs, contenues dans la brochure de M. Borrel, et que je crois inédites encore. Afin de procéder avec un peu d'ordre, je traiterai successivement les points suivants :

1° Condition des bourgeois avant la prise de la Bastille ;

2° Condition des paysans avant la prise de la Bastille ;

3° La prise de la Bastille ;

4° Condition des citoyens français à l'époque actuelle.

I.

Condition des bourgeois avant la prise de la Bastille.

Voici d'abord ce qu'écrit M. Borrel, à la 1re page de son livre : « Il y a *cent* « *ans*, les *roturiers* étaient menés par « des maîtres, la férule à la main. Ils « étaient considérés comme des êtres « inférieurs, créés par Dieu des débris « impurs de l'argile dont il avait formé « l'homme, espèces de créatures semi- « raisonnables, intermédiaires entre

« l'homme et la brute, destinées au « service des classes supérieures de la « société. »

Tout cela est bien touchant, il faut en convenir. En vérité, on jurerait que M. Borrel lit tous jours quelques pages du prophète Jérémie : son style est semblable à celui des célèbres *Lamentations*. Malheureusement le style pathétique est impuissant à transformer une inexactitude en vérité. Je vais rétablir les faits.

Il y avait, en effet, avant la Révolution, trois classes de français : les membres du clergé, les nobles et les roturiers. Ces derniers comprenaient tous ceux qui n'appartenaient ni à la cléricature, ni à la noblesse. Ils se divisaient en deux classes : les bourgeois et les paysans.

Les bourgeois, sortis de l'émancipation des communes au XIIe siècle, loin *d'être menés, la férule à la main*, sont appelés, par Philippe-le-Bel à prendre part aux affaires publiques, en 1302, près de 500 ans avant la prise de la Bastille. Les principaux ministre de Philippe-le-Bel, tels que Enguerrand de Marigny, Pierre Flotte, Raoul de Presle,

Guillaume de Nogaret, étaient des bourgeois.

« Le droit de bourgeoisie ne fut plus
« le privilège des habitants de quelques
« villes, on peut s'avouer dans toute
« la France le *bourgeois du roi*, et obte-
« nir la plénitude des droits civils.
« (Chéruel.) »

« La royauté, dit M. Aug. Thierry,
« créa une nouvelle classe de roturiers
« *libres*, auxquels on aurait pu donner,
« par exception, le titre de *citoyens* du
« royaume. »

En 1561, un ambassadeur vénitien visita la France. Il écrivit la relation de son voyage. Ecoutez ce qu'il dit : « Les
« trois états (clergé, noblesse et peuple)
« servent le royaume à leur manière.
« *Celui du peuple* a dans ses mains quatre
« offices importants : la première charge
« est celle du *grand chancelier* qui entre
« dans tous les conseils, garde le sceau
« royal, et sans l'assentiment duquel
« aucune délibération ne peut avoir
« lieu, ni aucune décision être mise en
« exécution. Le second office est celui
« des secrétaires d'Etat (*ce sont nos mi-*
« *nistres actuels*), lesquels, chacun dans
« leur sphère, expédient les affaires,
« gardent les papiers, sont les déposi-

« taires des secrets les plus graves. Le « troisième office est celui des prési- « dents, des conseillers, des juges, des « avocats, et de tous ceux à qui la jus- « tice civile et criminelle est confiée « dans le royaume entier. Le quatrième « est celui des trésoriers, des percep- « teurs, des receveurs généraux, des re- « ceveurs particuliers qui administrent « tous les revenus et toutes les dépenses « de la couronne. »

Celui qui a écrit ces lignes si instructives, ce n'est pas un écrivain ordinaire: c'est un *ambassadeur*. Ce n'est pas un homme dominé par l'esprit de parti : il est *étranger* à la France. Ce qu'il écrit, on ne le lui a pas raconté, il n'invente pas : il a *visité la France*, et il écrit ce qu'il a vu. Et maintenant, que le lecteur impartial mette en parallèle de ce témoignage si grave, si authentique la phrase suivante de M. Borrel : « la condition « matérielle de nos agriculteurs est *au-* « *jourd'hui presque égale à celle des bour-* « *geois de l'ancien régime.* »

On n'a pas attendu la prise de la Bastille pour admettre la classe bourgeoise aux fonctions publiques. Tout le monde sait qu'un des plus grands ministres dont la France s'honore, Colbert, était fils d'un marchand drapier de Reims. Louvois, Pontchartrain, Torcy, célèbres ministres de Louis XIV, sont *tous nés roturiers*. M. Duruy, écrivain peu suspect de cléricalisme, dit en parlant de « ce roi : « il livra à la *classe moyenne* « toutes les fonctions financières, poli- « tiques, et judiciaires ; il l'établit pa- « cifiquement dans l'administration du « royaume; il la poussa avec énergie « vers l'industrie et le commerce.»

Dans le commerce, les bourgeois s'enrichissaient : ainsi ils pouvaient acheter des offices et des charges, qui, à la vérité, se vendaient en partie. Cette vénalité des charges n'a pas complètement disparu. Chacun sait que les huissiers, les greffiers, les avoués, les notaires achètent encore leurs charges, malgré la destruction de la Bastille.

En Savoie, les bourgeois étaient dans une condition si peu critique, ils avaient si peu besoin de se procurer les choses les plus indispensables à la vie, comme sont obligés de le faire quelquefois *nos agriculteurs aujourd'hui*, qu'ils employaient leur argent à acheter des *dentelles*, qui *garnissaient leurs mouchoirs de poche*. On était obligé de le leur défendre. Ecoutez plutôt.

Malgré les avis du Sénat de Savoie, défendant aux nobles de s'adonner au luxe, et aux gens de classe moyenne, de les imiter, pendant la minorité du duc de Savoie, Victor-Amédée II, sa mère, Jeanne-Baptiste de Nemours, rendit, comme régente, en 1676, un édit prohibant l'usage des dentelles ou tissus d'*or* et d'*argent* ; faisant défense aux hommes de porter des dentelles de Flandre, de France ou de Venise ailleurs qu'*aux collets, manchettes* et *cravates* ; *aux femmes d'en mettre à leurs jupes, robes de ruelle, manteaux plissés, mouchoirs à moucher*. Chaque délit était puni d'une amende de *cent écus d'or*. (On avait donc de l'or.) Pauvres femmes de ce *bon temps !* à qui, s'il fallait en croire M. Borrel, on contestait l'existence d'une âme ! On ne vous permettait pas même de garnir vos *mouchoirs de poche avec des dentelles de Flandre !*

II.

Condition des paysans avant la prise de la Bastille.

Dans tous les temps, dans tous les pays, sous tous les régimes il y a eu des malheureux. Quand M. Borrel écrit :

« Les mendiants d'aujourd'hui sont plus heureux que nos aïeux du moyen-âge, » on peut lui demander d'expliquer le sens qu'il donne au mot *aïeux*. S'il entend désigner les *mendiants* du moyen âge, nous sommes d'accord avec lui, à la condition de substituer l'expression *sont aussi heureux* à l'expression *sont plus heureux*. S'il veut dire, au contraire, que les *mendiants* d'aujourd'hui sont *plus heureux* que la généralité des *roturiers* du moyen-âge, nous refusons de nous associer à cette plaisanterie.

Celui qui est ivre est porté à croire que l'univers a perdu l'équilibre et que tous les hommes chancellent. Quand M. Borrel est enrhumé du cerveau, il ne faut pas qu'il s'imagine que tout le monde éternue. Quand il a bien dîné, qu'il est bien logé, bien vêtu, il ne faut pas qu'il oublie qu'il y a dans les galetas des malheureux qui, cent ans après la prise de la Bastille, grelottent de froid, le ventre vide, ne sachant où prendre des haillons pour jeter sur les épaules nues de leurs enfants, ni la pièce de 5 francs pour solder la note du boulanger. Ennemi de toute exagération, je suis loin de rendre la République responsable des suicides, des grèves et de tous les drames engendrés, de nos jours, par la misère; mais je demande en grâce qu'on cesse de nous offrir la Révolution de 1789 comme la panacée universelle, qui a guéri tous les maux : passés, présents et futurs.

Avant le christianisme, et même depuis son établissement, surtout dans les pays où il n'a pas pénétré, les malheureux sous le nom d'*esclaves* étaient dans une situation lamentable. C'est le *christianisme*, que M. Borrel veuille bien ne pas l'oublier, qui a aboli l'esclavage. Dès le XIIIe siècle, il avait complètement disparu de la France. Quand M. Borrel écrit : « La féodalité la plus rude, la « plus lourde, la plus agressive fut, si « on en croit les faits, celle des évêques « ou des abbés, » quand il écrit cela, dis-je, il ne prend pas garde qu'il tombe dans une grave erreur. Les faits prouvent précisément le contraire. J'en cite quelques-uns. Saint Exupère, évêque de Toulouse, vend jusqu'aux vases sacrés pour racheter les esclaves. Saint Paulin, évêque de Nole, se vend lui-même pour délivrer des prisonniers. Saint Eloi, évêque de Soissons, ministre du roi Dagobert, s'empresse de briser les chaînes des esclaves gaulois, romains, maures, bretons, saxons, sans distinction de nation. Le pape Grégoire le Grand donne le précepte et l'exemple des affranchissements. « Comme notre « Rédempteur, écrit-il, a pris notre « chair afin de nous délivrer de l'escla- « vage du péché, nous devons rendre « à la liberté ceux qui en ont été privés « par la loi des nations. » Et il renvoyait libres tous ses esclaves.

Le pape actuel, Léon XIII, vient de donner 300.000 francs à Son Eminence le cardinal Lavigerie, qui, aux applaudissements de toute l'Europe, s'efforce de rendre la liberté aux esclaves d'Afrique.

Smaragde, *abbé* de Saint-Mihiel, écrit : « Entre les préceptes salutaires « et les œuvres utiles, il faut placer « l'affranchissement des esclaves. Ce « n'est pas la nature qui nous les a « soumis, mais le malheur, car *natu-* « *rellement nous sommes tous égaux.* » Raban Maur, *abbé* de Fulda, dans ses commentaires sur l'Ecriture Sainte, répète que les chrétiens doivent traiter les esclaves comme *leurs frères.*

« Les conciles, les docteurs, dit M. « Chéruel, rappellent qu'une partie des

« biens des églises, qui sont le patri-
« moine des pauvres, doit être em-
« ployée à racheter les captifs. » Il dit ailleurs, « un grand nombre d'*évêques* « et d'*abbés* joignaient l'exemple au « précepte. »

Après les esclaves viennent les serfs. La condition des serfs était bien plus douce que celle des esclaves. C'étaient des hommes dans un état de *domesticité obligatoire*. Mais ils avaient une famille, ils pouvaient faire des économies, et disposer de leurs biens sous *certaines réserves*, et dans *certains cas seulement*. Quand un propriétaire vendait une ferme, les serfs ou domestiques qui la cultivaient ne l'abandonnaient pas : ils passaient au service du nouveau propriétaire. Aujourd'hui, les domestiques sont libres de quitter et de prendre du service ailleurs. Telle est la vérité.

Mais, est-il vrai, comme l'écrit M. Borrel que « le Seigneur avait sur la « femme de l'homme de condition ser-« vile des *droits révoltants*? » Je réponds sans hésiter : *non, cela n'est pas vrai!* Et par cette affirmation catégorique, je n'entends nullement porter atteinte à la bonne foi de M. Borrel :

elle est hors de cause, M. Borrel écrit ce qu'il a lu. Son tort est de croire sur parole, sans les contrôler, les historiens hostiles au clergé et à la noblesse. Cette erreur a été cent fois reproduite et cent fois réfutée. Je renvoie M. Borrel aux ouvrages sur *le Droit du Seigneur*, entre autres à celui de M. Louis Veuillot, et à celui de M. le Comte Amédée de Foras, dont la science archéologique défie toute critique. Pour ses lecteurs et les miens, il suffira de citer les paroles suivantes d'un inspecteur général de l'instruction publique, M. Chéruel. Il écrit : « Il « n'existe *aucune preuve certaine* que « le droit du Seigneur ait eu le carac- « tère de brutalité sensuelle qu'on lui « a souvent attribué. Il est possible que « sous le régime féodal, où régnait trop « souvent la force, il y ait eu des exem- « ples d'abus odieux ; mais ils ne cons- « tituèrent *jamais un droit.* » Oui, il est possible que des seigneurs, dans certains cas, aient abusé de leur situation, comme en ont abusé dans tous les temps, et en abusent encore aujourd'hui tant d'autres, qui ne sont pas seigneurs ; mais, encore une fois, ils ne constituèrent *jamais un droit.* Il y a plus. « Le serf *était affranchi de droit,* « si le seigneur attentait à l'honneur

« de sa femme ou de sa fille. » (Chéruel).

Il ne faudrait pas croire que les serfs constituaient la masse de la nation, comme les esclaves de l'antiquité. Une partie importante du peuple se composait *d'emphytéotes*, c'est-à-dire de fermiers, qui au moyen d'une redevance annuelle, en denrées, jouissaient des propriétés appartenant à autrui. Peu à peu, ces fermiers s'unirent; ils obtinrent, par violence ou autrement, de leurs seigneurs respectifs, le droit de payer annuellement une somme fixe, ou bien un capital à solder une fois pour toutes. Par ce moyen, ils ont passé de l'état de *fermiers*, à l'état de *propriétaires*. C'est ainsi que se sont formées les communautés ou *communes, s'administrant elles-mêmes*, nommant leurs *syndics*, *procureurs*, *maîtres d'école*, jouissant, en un mot, d'une liberté qu'elles ne connaissent plus aujourd'hui, où tout doit être autorisé par le préfet, même les réunions du conseil municipal.

Or, en 1790, presque *toutes* les communes de la Tarentaise étaient affranchies; les habitants étaient de vrais propriétaires. Pour l'affranchissement complet, il ne restait plus qu'à payer un capital de 15,300 livres.

Quant aux serfs, ils furent affranchis peu à peu. Mais Louis XVI, 10 ans avant la prise de la Bastille, par l'édit du 8 août 1779, enregistré le 10 août, *abolit définitivement le servage*. Néanmoins, quelques rares seigneurs refusèrent de se conformer au désir du roi, et leurs serfs ne furent effectivement déclarés libres que le 4 août 1789.

En Savoie, par conséquent en Tarentaise, la *servitude a été abolie* par un édit de Charles-Emmanuel III, en 1762, soit 27 *ans* avant la Révolution.

Au moment où la Révolution éclata, il n'y avait, en Tarentaise, *aucun serf à délivrer*. Nos aïeux étaient *propriétaires*, maîtres chez eux : ils *votaient* pour nommer les administrateurs de la commune. Ces administrateurs nommaient et révoquaient les maîtres d'écoles ; tandis qu'aujourd'hui les maîtres sont *imposés*, quelquefois malgré l'opposition de toute la commune, les *livres*, les *programmes* sont *imposés* : Vive la liberté !

Ils n'étaient pas toujours misérables, comme permet de le supposer un arrêt du Sénat de Savoie, en date du 23 septembre 1598 : « L'abus de la chasse, « dit-il, est passé si avant que, jusqu'au

« *menu peuple* on s'en fait une *profession* « *ordinaire.* » Je doute que les *mendiants d'aujourd'hui* puissent se faire de la chasse une profession ordinaire.

La Tarentaise, pays frontière, était souvent le théâtre de luttes sanglantes; elle devait supporter le passage fréquent des troupes; de là, des souffrances. Qui songe à le contester? Dans les années de mauvaise récolte, il y avait famine. Aujourd'hui, il y a encore des malheureux qui ont faim; mais il n'y a plus de famine générale; sous ce rapport nous sommes incontestablement moins à plaindre qu'autrefois. Mais d'où vient cet heureux changement dont tous, sans exception, nous nous réjouissons? Il y a deux opinions. Les uns répondent : c'est parce qu'on a renversé la Bastille, coupé la tête à Louis XVI et proclamé la République. Les autres disent : c'est parce qu'on a établi des chemins de fer, qui nous amènent du blé de la Russie, du maïs, des riz, du vin de l'Italie, tandis qu'ils transportent au loin nos bestiaux, nos fromages : ce qui nous procure de l'argent.

Quant aux pauvres, ils étaient soulagés surtout par les ecclésiastiques, qui employaient à ce pieux usage une large part des ressources que leur procurait la *dîme*. Je tiens à la disposition de M. Borrel des *preuves très nombreuses*, que j'omets, à regret, pour ne pas allonger démesurément ce travail. Je ne citerai qu'un seul fait. Pendant plus de 600 *ans*, l'archevêque de Tarentaise faisait distribuer *tous les jours* du mois de mai, de 7 heures du matin à dix heures, à *tous ceux qui se présentaient*, sans distinction de *fortune* ou de *nationalité*, un morceau de pain, pesant environ une demi-livre. Dès 1768, à la place de cette aumône, il donne *chaque année* 2,220 bichets de blé, à l'hôpital de Moûtiers.

Je prie donc M. Borrel de vouloir bien supprimer la phrase suivante de sa brochure : « La féodalité la plus *rude*, « la plus *lourde*, la plus *agressive* fut, « si on en croit les faits, celle des *évê*- « *ques* ou des *abbés*. »

Il est un autre passage que je désirerais plus vivement encore voir disparaître, moins dans l'intérêt de la vérité, que dans celui de la gloire de M. Borrel. C'est le suivant : « On a, dans ce *bon* « *temps*, poussé l'injure envers la fem- « me jusqu'à contester chez elle l'exis- « tence d'une âme. Des prélats, réunis

« en concile, ont gravement délibéré « sur cette importante question qu'ils « ont daigné résoudre affirmativement. « Pauvres femmes! qui croirait aujourd'hui que peu s'en est fallu qu'elles ne « fussent toutes vouées, non pas au « feu éternel, mais au néant comme « de vils animaux ? »

Un grand éclat de rire : tel a été le premier effet produit sur moi par la lecture de ce passage. Comment! disais-je, M. Borrel ignore-t-il donc que l'Evangile et le Symbole catholique sont antérieurs à tous les prélats et à tous les conciles auxquels il peut faire allusion? Or, dans l'Evangile, dans le Credo, il est parlé de la Vierge Marie, de la Mère de Dieu, *qui était une femme!!* M. Borrel, originaire de Saint-Martin de Belleville, ne sait-il donc pas que l'on récite l'Ave Maria au célèbre sanctuaire de N.-D. de la Vie? Ne sait-il pas que l'Ave Maria est antérieur aux conciles, et qu'il proclame les louanges *d'une femme*, de la Mère de Dieu? Dans sa jeunesse, n'a-t-il jamais chanté ou du moins entendu chanter les litanies des Saints. Or, dans les litanies des Saints, il est parlé des Saintes : Marie-Madeleine, Agathe, Lucie, Agnès, Cécile, Catherine, Anastasie. Comment donc M. Borrel, a-t-il pu, je ne dis pas pendant une *minute*, mais pendant une *seconde* admettre qu'un concile a discuté *gravement* la question de l'existence d'une âme chez les femmes ?

Après le rire jovial, un sourire moqueur est venu effleurer mes lèvres. Quel beau tour, pensais-je, on pourrait jouer à M. Borrel! Il n'y aurait qu'à ne pas honorer sa brochure d'une réponse. Dans notre Tarentaise, où tout le monde sait l'Ave Maria, le Credo, où l'on n'ignore pas que l'Eglise a toujours recommandé aux femmes de sauver *leur âme*, ce seul alinéa suffirait pour jeter la brochure en question dans le plus grand discrédit.

Réflexion faite, j'ai trouvé que ce procédé serait injuste : on ne doit pas juger un livre par l'*absurdité* que contient un alinéa. J'ai aussitôt décidé que je répondrais. Je viens donc avertir les nombreux lecteurs de M. Borrel de ne pas le juger trop sévèrement pour cet alinéa. J'ai déjà eu occasion de le dire : ce n'est pas sa bonne foi qui est en cause, c'est sa science qui est en défaut. On ne peut pas accuser M. Borrel de manquer de foi : il en a *trop*. Il croit, non seulement les vérités enseignées par l'Eglise, mais encore les *erreurs* débitées par les écrivains hostiles à l'Eglise, tels que Michelet, Aimé Martin, Bayle et *tutti quanti*. Quel est celui qui l'a induit en erreur? je l'ignore. Ce que je sais, c'est que Bayle, Aimé Martin et quelques autres ont, en effet, écrit cette sottise. Mais ces auteurs ont été réfutés par l'abbé Gorini, dans son ouvrage intitulé *Défense de l'Eglise*, édition Girard, 1872, tom IV, page 404 et suiv. M. Borrel trouvera au passage que j'indique toutes les explications qu'il peut désirer sur ce sujet. Pour l'utilité et l'instruction de ses lecteurs je me contenterai de dire que *jamais, jamais, jamais* l'Eglise n'a mis en *doute* l'existence d'une âme chez les femmes. Au concile de Mâcon, tenu en 585, *un évêque* souleva non pas une question de *psychologie*, mais de *philologie*; il soutenait que le mot *homme* ne devait désigner que le sexe masculin, et non le sexe féminin. On lui répondit que dans la Sainte Ecriture le mot *homme* est souvent synonyme du mot *humanité*, et ainsi il désigne la femme aussi bien que l'homme. Ex. : J.-C. est appelé *Fils de l'homme*, bien qu'il soit fils de la Vierge Marie; il est dit d'ailleurs que Dieu créa *l'homme à son image*, qu'il le créa *mâle et femelle*. L'évêque comprit et se tut.

Le langage ordinaire ne diffère pas du langage de l'Ecriture. Nous disons tous les jours : l'*homme* est mortel, l'*homme* est raisonnable, l'*homme* se trompe quelquefois, etc. Ici encore le mot *homme* équivaut au terme *humanité*. J'ai lieu de croire que ces explications ont donné pleine satisfaction à M. Borrel, et que dans l'édition de ses œuvres complètes, le lecteur ne rencontrera plus ce malheureux passage.

Si cependant M. Borrel parvenait à prouver que dans un *concile général* (les seuls qui fassent autorité dans l'Eglise universelle) des *prélats* ont *gravement délibéré* sur *l'existence d'une âme* chez les femmes; que *peu s'en est fallu* que la question ne fût résolue négativement; s'il parvenait à prouver cela en s'appuyant non pas sur Bayle, ni sur Aimé Martin, mais sur les *actes mêmes* du concile, j'émets l'avis que ses savantes recherches seraient dignes de grandes récompenses. Pour ma part, je m'engage à lui démontrer que 2 et 2 font 5.

III.

La prise de la Bastille

Nous venons de faire justice des erreurs auxquelles s'est laissé aller M.

Borrel, relativement à la condition des roturiers, c'est-à-dire des bourgeois et des paysans de 1789. Arrivons à la prise de la Bastille. Texte de M. Borrel (pages 4 et 5 passim) : « La Révolution « française, dont nous nous préparons « à célébrer le centenaire, date du « 14 juillet 1789, jour de la prise de la « Bastille. La vue de cette prison d'Etat « faisait frémir et glaçait l'âme... C'est le « jour de l'écroulement de la Bastille, « qui ensevelit dans ses ruines l'ancien « régime, que l'on a choisi, avec raison, « pour la célébration annuelle de la « République que nous avons le bon- « heur de posséder. C'est ce jour aussi « que la reconnaissance qui est la mé- « moire du cœur, nous a désigné pour « nous réjouir en commémoration de « la glorieuse révolution de 1789, « œuvre de nos pères... Honneur à ces « vaillants !..... Bénissons cette révolu- « tion sainte qui a brisé les liens de « notre servitude... etc. »

Après ce dithyrambe, le lecteur désirera être renseigné sur le fait exact de la prise de la Bastille. Je vais le lui raconter. J'emprunte les détails à un auteur peu suspect de cléricalisme : c'est M. Ducoudray, agrégé d'histoire, bibliothécaire des sociétés savantes au ministère de l'instruction publique.

Le 14 juillet 1789, la populace parisienne, excitée par un jeune avocat, Camille Desmoulins, et par d'autres orateurs, envahit l'Hôtel des Invalides, où l'on trouve des canons et 28.000 fusils. Elle s'en empare. Puis, comme un torrent furieux, elle se précipite vers la Bastille, « à peine défendue par « *quelques Suisses* et des *Invalides.* » Après une faible résistance, M. de Launay, gouverneur de la place, demande à capituler. Un des officiers assiégeants accepte la capitulation. Mais la foule refusa de l'accepter. Quand M. de Launay eut fait abaisser les ponts, « la foule se précipita dans les cours, « désarma les soldats, pénétra dans les « appartements, jeta les papiers des « archives par les fenêtres; les armes, « les effets, l'argent, tout fut livré au « pillage. On courut délivrer les *pri-* « *sonniers* que l'on croyait en grand « nombre, et comme il n'y en avait « que *six, quatre faussaires et deux* « *insensés*, on demande où était les « autres..... Depuis la Bastille jusqu'à « l'Hôtel de Ville, la route ne fut pour « M. de Launay qu'un long et cruel « supplice. Il recevait de toutes parts

« des coups d'épée et de baïonnette « et, comme il avait la tête nue, on le « distinguait aisément pour le frapper... « Bientôt, il tombe, et, quand on arrive « à l'Hôtel de Ville, sa tête était déjà « coupée et portée au bout d'un bâton. « Le major de Lorme, l'aide-major « Miray, un officier et deux soldats « *invalides*, dont un était blessé à la « tête, et deux soldats suisses, furent « également *massacrés*. Puis, la fureur « de la foule se porte sur le prévôt des « marchands, Flesselles, que le peuple « accusait de l'avoir trompé, et qui fut « tué au coin du quai Pelletier; quel- « ques jours plus tard, contre Foulon, « successeur de Necker, et contre son « gendre, l'intendant de Paris, Berthier. « Foulon fut pendu à la lanterne (ou « reverbère) au coin de la rue de la « Verrerie, Berthier fut tué à coups de « sabre au pied du même reverbère. »

Tels sont les faits *réels*, *indéniables*, *indiscutables* qui se rapportent à la prise de la Bastille. Ces faits sont une série de meurtres et d'assassinats; ils sont odieux.

Je regrette sincèrement, pour l'honneur de la République, que l'anniversaire de ces crimes ait été choisi comme jour de fête nationale. Pour une fête vraiment nationale, on aurait dû choisir un jour plus glorieux dans les annales françaises : l'anniversaire de la délivrance d'Orléans par Jeanne d'Arc, ou de la victoire remportée sur les Prussiens à Iéna, par exemple. Ces anniversaires auraient été des fêtes vraiment nationales, réunissant dans la fraternité les monarchistes et les républicains. Mais rendre la joie moralement *obligatoire* pour les fonctionnaires, y compris les employés des prisons, le jour anniversaire de l'assassinat des gardiens de la Bastille, c'est trop fort ! Considérer comme de mauvais citoyens, ceux qui, connaissant les atrocités commises le 14 juillet 1789, se refusent à se réjouir, à illuminer, à pavoiser leurs maisons le jour de la fête prétendue nationale, c'est faire preuve d'ignorance ou d'injustice.

Qu'était donc la Bastille ? C'était une prison d'Etat. C'est par l'autorité du roi ou de ses ministres que les coupables ou ceux qui étaient crus coupables y étaient enfermés. Donc la détention était *légale*. Le jour où la Bastille fut renversée, on y trouva *six prisonniers* : *quatre faussaires* (1) *et deux insensés*, ni plus ni moins.

(1) Ce n'était donc pas des *innocents*, comme le dit M. Borrel, page 4.

Que des innocents, regardés à tort comme coupables, y aient été enfermés quelquefois, c'est possible, car la justice des hommes n'est pas infaillible. Elle ne l'est pas plus aujourd'hui qu'autrefois. Que M. Borrel me permette une supposition. Si un jour il voyait passer entre deux gendarmes, menottes aux mains, un honnête citoyen, arrêté par suite d'un racontage; si ce citoyen était ensuite déclaré non coupable par la justice de son pays, la vue de la prison où ce citoyen aurait été enfermé, le ferait-il *frémir? glacerait*-elle son âme? Nouveau Camille Desmoulins ameuterait-il le peuple pour démolir cette prison? Je ne le crois pas. Et il aurait raison. Quelle est la prison qui n'a jamais renfermé des innocents, que l'on regardait à tort comme coupables? Faudra-t-il donc renverser toutes les prisons et tuer tous ceux qui les gardent?

Qu'il y eut des abus avant la Révolution, nul ne le nie, nul ne le conteste. Ce que je nie, c'est que la prise de la Bastille, c'est que la Révolution sanglante qui l'a suivie aient fait disparaître tous les abus. La vérité est que les abus anciens ont été remplacés par des abus nouveaux : voilà toute la différence.

N'est-ce donc pas un abus que de tuer les gardiens d'une prison, sous prétexte que des innocents ont été détenus dans cette prison ? N'est-ce pas un abus que tuer un roi sous prétexte qu'il gouverne sans parlement ? N'est-ce pas un abus que de brûler les châteaux, de livrer aux flammes les archives précieuses des familles anciennes, comme on le fit à Moûtiers, pour les archives de M. le baron Du Verger, sous prétexte que les seigneurs jouissaient de certains privilèges ? S'il y avait des abus, on pouvait et on devait les réformer par des moyens justes et raisonnables : les Etats généraux, convoqués par Louis XVI, étaient précisément réunis pour opérer les réformes utiles dans l'intérêt de la nation.

Au lieu d'agir ainsi, la Révolution, que M. Borrel ose appeler *sainte*, procéda à coups de poignard et de guillotine. Elle a eu grand tort. Je suis d'avis que pour guérir un malade qui souffre de la migraine, il ne faut pas commencer par lui couper le cou. Il n'est pas nécessaire non plus de mettre le feu à une maison, dont on désire boucher les lézardes. C'est ce qu'à fait la Révolution : sous prétexte de guérir la société malade, elle l'a noyée dans le sang.

IV.

Condition des citoyens français à l'époque actuelle.

S'il fallait en croire M. Borrel, nous serions, depuis la Révolution, et grâce à elle, dans une situation très heureuse. Quel dommage que nous ne puissions pas sentir le bonheur dont il affirme que nous jouissons ! Il nous semble que nous éprouvons un grand malaise, et M. Borrel, comme médecin, déclare que jamais notre santé n'a été si bonne ! Voyons qui se trompe du malade ou du médecin. Ouvrons la brochure de M. Borrel à la page 56. Pesons ses affirmations dans la balance de la vérité.

M. Borrel dit : depuis la Révolution :

1° *Plus de serfs.* Rép. Ils ont disparu de la Savoie 27 ans avant la Révolution, comme nous l'avons vu.

2° Plus de *priviléges.* — Rép. C'est une erreur. Un fonctionnaire médiocre sous tous les rapports obtient de l'avancement s'il est patroné par un comité républicain ; tandis qu'un fonctionnaire très capable est condamné à végéter dans la même situation, ou même à être déplacé ou révoqué, si le comité républicain ne le trouve pas assez docile à ses ordres.

Mlle X., à peine au courant de son service, obtient tout de suite un bureau de poste; Mlle Y., bien plus capable, est obligée d'attendre de longues années, et souvent n'obtient rien du tout.

M. X., quoique jeune encore, est nommé conseiller à une cour importante; M. Y., vieux magistrat, très capable, dont la vie est toute d'honneur, est condamné à végéter dans un petit tribunal de province.

M. X., candidat républicain à la députation, n'a pas été élu : on le nomme trésorier-payeur général, ou au moins receveur des Finances (notez qu'il ignore la comptabilité)! M. Y., est employé dans les Finances depuis de longues années, il connaît la partie à fond, et il ne peut obtenir une perception !

Pourquoi M. le Maire, avez-vous chargé M. Z., architecte, de dresser le plan de la nouvelle église de votre paroisse? — C'est, répond le Maire, parce que j'ai besoin d'obtenir un subside important de l'Etat. Le subside serait moindre, et peut-être nul, si le plan était fait par un autre architecte !

Je pourrais multiplier les exemples.

La vérité est que le régime actuel est un régime de favoritisme éhonté.

3° Plus de *titres* de *noblesse*. — Rép. C'est une erreur. Ils ont été supprimés en effet le 19 janvier 1790; mais ils ont été rétablis en 1806. Supprimés de nouveau en 1848, ils ont été rétablis en 1852. Ils n'ont pas été abolis légalement depuis. Un fougueux républicain s'appelle de *nos jours*, M. le *comte* de Douville-Maillefeu.

4° Plus de *torture*. — Rép. Le roi Louis XVI l'avait déjà abolie le premier mai 1788.

5° Plus de *juridictions arbitraires*. — Rép. C'est une erreur. Quand un citoyen français est victime d'un abus de pouvoir, commis par un agent du Gouvernement, cet agent refuse d'être jugé par les *tribunaux ordinaires;* il déclare que ces tribunaux *sont incompétents;* et si ces tribunaux veulent néanmoins juger la cause, s'ils se déclarent *compétents*, la difficulté est portée devant un tribunal appelé *tribunal des conflits*. Or, le président du tribunal des conflits c'est le *ministre de la justice lui-même*. N'est-ce pas une juridiction arbitraire ? Qu'y a-t il de plus arbitraire qu'un tribunal *présidé par un ministre*, quand il s'agit de décider si ce ministre lui-même, ou les agents placés sous ses ordres peuvent passer en jugement devant le tribunal correctionnel ?

Au moment où j'écris ces lignes, il se produit un fait qui donne à l'affirmation de M. Borrel un cruel démenti. Le Sénat vient de se constituer en *haute cour de justice*, et il va juger M. Boulanger prévenu *d'attentat contre la sûreté de l'Etat.* Qu'a-t-il donc fait M. Boulanger, (dont je suis loin d'être le partisan)? Il a déclaré que le régime actuel était intolérable, et qu'il se proposait de le renverser. Cette déclaration à la main, il se présente devant les collèges électoraux, et leur demande l'autorisation dont il a besoin pour exécuter son projet. Les électeurs l'approuvent, le peuple de Paris l'envoie à la Chambre avec 80,000 voix de majorité sur le candidat qui veut maintenir le régime actuel! Tel est le fait brutal. Si le peuple de Paris était souverain, ce serait à M. Boulanger à juger le Sénat, à le renverser; il a été élu pour cela. Si c'est au contraire le Sénat qui juge l'*élu* du peuple, *élu* dont il veut se venger pour des motifs personnels, je trouve que la juridiction du Sénat est *très arbitraire;* elle ne peut pas être impartiale.

6° Plus de pensions imméritées. Rép. C'est une erreur. Il est de notoriété publique que l'on a accordé des pensions à de prétendues victimes du 2 décembre qui étaient à peine nées, le 2 décembre 1851; le coup d'Etat ne leur avait causé aucun préjudice.

Et la veuve de M. Paul Bert ne touche-t-elle pas une pension de 12,000 francs, si je ne me trompe? Pourquoi cette pension? — Parce que, direz-vous, M. Paul Bert, est mort au Tonkin, au service de l'Etat. — Je réponds : M. Paul Bert n'est pas la seule victime de cette fatale expédition du Tonkin. Il y a quelques jours, un député républicain affirmait en pleine Chambre qu'elle nous avait déjà coûté 36,000 hommes, mis hors de combat. Quelle pension la République fait-elle aux parents de ces *trente-six mille victimes?* Où est l'égalité? Où est le souci du pauvre peuple? Ajoutez que nos pauvres soldats sont allés au Tonkin *par force*, tandis que M. Paul Bert y est allé *librement, volontairement*, palpant un traitement considérable montant à deux cent mille francs! Sa veuve était donc loin d'avoir besoin d'une pension. Au contraire, nos malheureux soldats qui sont tombés sous les balles chinoises, ou victimes de la fièvre, laissent souvent un père dans le besoin, une mère dans la misère; et *on ne leur donne rien!* Quelle est donc la définition du mot *égalité* d'après le dictionnaire républicain ?

7° Plus d'arrestations ni de détentions illégales. — Rép. Les arrestations sous l'ancien régime n'étaient pas *illégales*, puisqu'elles se faisaient par ordre de l'*autorité constituée*. Aujourd'hui, on est arrêté par ordre d'un juge d'instruction quelconque, au lieu d'être arrêté par ordre d'un Richelieu : il n'y a pas d'autre différence. — Au moment où je trace ces lignes, M. Boulanger est en fuite en Belgique et en Angleterre, pour se soustraire à une menace d'arrestation que bien des gens trouvent *arbitraire* et *illégale*.

8° L'impôt payé par tous. — Rép. C'est une erreur de croire que l'impôt n'était pas payé par *tous*, en Savoie avant la Révolution. En effet, le roi Victor-Amédée II, par l'édit du 9 avril 1728, supprima *tous les privilèges de la noblesse* en fait d'impôt, et assujettit à la taille *tous les biens ruraux*, quelle que fût la qualité des personnes qui les possédaient. Il y eut une petite restriction relativement aux biens ecclésiastiques. Tous ceux que l'Eglise avait acquis depuis 1620 (169 ans avant la Révolution) furent *soumis à l'impôt*, comme les autres; ceux qu'elle possédait déjà en 1620, continuèrent à être exempts de l'impôt royal; mais il ne faut pas oublier que ces biens supportaient les frais du culte; ils étaient le patrimoine des pauvres et des malheureux; ils alimentaient dans une large mesure le budget de l'instruction publique.

Si aujourd'hui nous sommes égaux devant l'impôt, c'est une triste égalité : c'est l'égalité devant la misère, devant la ruine. Non seulement nous payons *tous* l'impôt; mais nous le payons pour *tout*. La *porte* qui ferme notre maison, la *fenêtre* qui laisse pénétrer la clarté du jour, l'*allumette*, la *bougie*, le *savon*, le *papier*, le *vin*, la *voiture* dont nous nous servons : tous ces objets sont soumis à l'impôt. Ne croyez pas que le malheureux qui est obligé d'emprunter, puisse retirer la somme intégrale qu'on lui prête : il doit en défalquer préalablement le prix du papier timbré, sur lequel il a souscrit son engagement; et au bout de l'année, quand il payera les intérêts, s'il veut un récépissé, il devra encore payer l'impôt du timbre. Il n'est pas jusqu'au *petit chien* du pauvre berger qui ne soit frappé par l'impôt. En vérité, M. Borrel a vraiment bonne grâce de se moquer des impôts de l'ancien régime, et de voir un grand bienfait de la Révolution dans cette égalité devant l'impôt !

9° Les places accessibles à tous. — Rép. En théorie, *oui;* mais en pratique, *non,* comme nous l'avons vu plus haut, au numéro 2.

10° Tous les hommes égaux devant la loi. — Rép. En théorie, *oui;* mais en pratique, *non.* Si je vends le chapeau de mon voisin, on me condamne à la prison ; si un républicain haut placé est accusé d'avoir vendu les croix de la légion d'honneur, qui appartiennent à la France, on trouve qu'il ne mérite pas la prison.

Mais il y a plus. Les républicains font des lois pour empêcher l'*égalité*. Ex. : pour ouvrir une école primaire, il faut être pourvu d'un brevet : très bien ! Vous croyez peut-être, M. Borrel, que tous ceux qui ont obtenu le brevet de capacité, *sont égaux* en droits, qu'ils peuvent *tous* aspirer au titre d'instituteurs publics ? Si vous croyez cela, vous êtes dans l'erreur. On a fait une loi en vertu de laquelle les brevets, les grades, le talent, le zèle, le dévouement ne suffisent plus : tout dépend du costume de l'aspirant. Un ivrogne, vêtu d'un paletot, une fille légère, portant chapeau à plumes, peuvent aspirer au titre d'instituteurs publics, s'ils ont un brevet élémentaire; tandis qu'un savant, vêtu d'une soutane, une dame portant un voile, ne pourront jamais obtenir pareille faveur, quels que soient leurs brevets ou diplômes, quels que soient leur talent, leur zèle, et toutes leurs qualités !! Ceux d'entre eux qui sont encore en place aujourd'hui, sont destinés à perdre leur situation à bref délai.

En présence de faits aussi choquants qu'indéniables, j'ai le regret, M. Borrel, de ne pas partager votre manière de voir. Vous appelez cela *égalité devant la loi !* J'y vois au contraire une *inégalité révoltante*, une *absurdité* touchant aux confins de la démence !

11° Le droit d'avoir une opinion et une volonté.— Rép. Une opinion *cachée*, oui; une opinion *manifestée* au dehors, non. Nul régime ne peut nous priver de la liberté de *penser*, si nous ne laissons rien paraître au dehors. Mais, vous vous trompez, M. Borrel, si vous croyez que tout citoyen français peut manifester au dehors ses opinions. Par ce temps de prétendue liberté, les cantonniers, les gardes-champêtres sont *obligés* de croire (au moins extérieurement) que la république est le meilleur des gouvernements! Ils sont *obligés* de voter pour les candidats républicains. S'ils veulent s'abstenir, on va les chercher à leur domicile; s'ils refusent de venir voter, s'ils sont soupçonnés de voter pour des candidats non républicains, leurs femmes et leurs enfants sont menacés de manquer de pain. Et vous appelez cela *liberté d'opinion!* Je crois que nous n'avons pas le même dictionnaire, M. Borrel : nous ne donnons pas aux mots la même signification.

12° Le domicile inviolable. Le droit pour tous de posséder et de vivre en sûreté chez soi. — Rép. Je regrette que M. Borrel tout occupé de ce que les prélats décidaient dans les conciles, il y a quatorze cents ans, au sujet de l'âme des femmes, ne se soit pas aperçu de ce qui vient de se passer chez nous. Puisqu'il paraît l'ignorer, je me permets de le lui apprendre.

Il y a 9 ans, sous le gouvernement des hommes du jour, la *France entière* était sillonnée par des bandes de crocheteurs, composées de préfets, sous-préfets, commissaires de police, serruriers, gendarmes, soldats. Ils se rendaient vers quelques maisons paisibles, appelées couvents. Puis au nom du gouvernement républicain, il enfonçaient les portes à coup de hache ; ils pénétraient par force dans le domicile *prétendu inviolable,* ils prenaient au collet les citoyens honnêtes qui s'y trouvaient, les jetaient brutalement à la porte, et se retiraient après avoir apposés les scellés partout où ils l'avaient voulu.

Ces faits odieux, dont les républicains honnêtes rougissaient, resteront comme une tache indélébile sur le front du régime actuel ; il en portera éternellement la honte devant la postérité la plus reculée. Pour l'honneur de mon pays, je voudrais pouvoir effacer ces infamies de son histoire ; mais l'implacable vérité se dresse devant moi, et s'obstine à les maintenir. Oui, ces faits sont malheureusement trop vrais. Ils ont eu lieu dans toute la France, et sans prendre des exemples bien loin, qu'on se rappelle l'expulsion violente des religieux de Tamié (à 2 heures d'Albertville).

Le col de Tamié était un passage très fréquenté au XIe siècle. Mais il était peu sûr pour les voyageurs. C'est pour ce motif que des religieux vinrent s'y établir : ils défrichèrent un sol inculte à la *sueur de leur front;* ils bâtirent un couvent où le voyageur trouvait gratuitement hospitalité, asile et protection. La Révolution, que M. Borrel ose appeler *sainte,* chassa ces bienfaiteurs de l'humanité, des possessions qu'ils avaient légitimement acquises par plus de 600 ans de travail continuel. Tous leurs biens furent vendus. Environ 60 ans plus tard, ils contractèrent des dettes pour racheter les biens que la première république leur avait volés. Pour payer leurs dettes, ils construisirent un moulin, se livrèrent à l'agriculture (ce ne sont donc pas des fainéants : ce sont des laboureurs et de rudes travailleurs).

Eh bien! la république actuelle est allée *violer leur domicile;* elle a enfoncé leurs portes; elle les a *chassés* presque tous de *chez eux !!*

Est-ce vrai cela, oui ou non? Si c'est vrai, comment M. Borrel peut-il écrire (page 56) que depuis la Révolution *le domicile est inviolable?*

13° Pour tous la liberté de conscience... — Rép. Liberté de blasphémer Dieu, *oui;* liberté de le servir, *non.* Tout le monde sait qu'un préfet est autorisé à manquer la messe le dimanche, mais qu'il sera mal noté s'il y assiste régulièrement. Tout le monde sait qu'il peut accompagner une mascarade le mardi gras, mais qu'il lui est interdit de prendre part à la procession du Saint-Sacrement. Je mets au défi les préfets républicains d'oser aujourd'hui se confesser et communier publiquement, d'oser illuminer leurs demeures en signe de piété chrétienne, le jour d'une fête de la Sainte-Vierge, ou le jour anniversaire de la naissance du Pape. Il y a 10 ans environ, un fonctionnaire (qui ne l'est plus) s'était permis d'assister, à Moûtiers, à la procession du Saint-Sacrement. Le lendemain, il était dénoncé pour ce fait. Je tiens cela du fonctionnaire lui-même. Je pourrais le nommer, si je ne craignais de nuire à tel ou tel arrière-cousin qu'il pourrait avoir dans quelque administration de l'Etat.

Tout le monde sait la liberté qu'ont nos pauvres soldats d'aller à la messe !

Tout le monde sait la liberté dont jouissent nos compatriotes malades dans les hôpitaux de Paris : on défend au prêtre de les aborder sans une *réquisition formelle!* Mais quand un malade tombe frappé d'apoplexie, attendez-vous une réquisition pour appeler un médecin ? Pourquoi êtes-vous plus cruels pour les maladies de l'âme que pour celles du corps ?

Tout le monde sait que quelques-uns de vos instituteurs font lire aux enfants des livres condamnés par l'Eglise, comme le manuel de Paul Bert, et cela *malgré la conscience* des parents, obligés d'envoyer leurs enfants à votre école ; car ils sont trop pauvres pour se payer le luxe d'une école libre. — Et vous osez dire que nous avons *tous* la liberté de conscience!!! Mais la vérité proteste contre une telle affirmation.

A propos de la liberté de conscience, M. Borrel parle de la Saint-Barthélemy, de l'Inquisition, des dragonnades, etc., etc. Je réponds simplement que si M. Borrel a voulu jeter de la poussière aux yeux de ses lecteurs pour les aveugler, son procédé ne manque pas d'habileté ; mais s'il a voulu les éclairer sur les bienfaits de la Révolution, il n'a pas réussi.

En effet, tout ce qu'il dit à ce propos n'a absolument *aucun rapport* avec la Révolution de 1789. Quand on veut peindre une époque, on la regarde en face, on prend un pinceau, et d'une main légère, on en reproduit fidèlement les traits. Mais si l'on prend un balai qu'on plonge dans l'ornière où roulent les flots de haines, de mensonges, et de préjugés, on fait une grossière caricature : ce n'est plus un portrait.

14° Le roi despote remplacé par le peuple souverain. — Rép. De quel roi M. Borrel veut-il parler? Est-ce de Saint-Louis, qui rendait la justice au pauvre peuple sous les chênes de Vincennes? Est-ce de Henri IV, qui voulait que le paysan pût mettre *chaque dimanche la poule au pot?* Est-ce enfin de Louis XVI, le roi que la Révolution a assassiné, qui a *aboli la torture, aboli le servage* et convoqué les Etats-Généraux, dans le but de réformer les abus dont pouvait souffrir le peuple? Si M. Borrel croit que tous nos rois ont été des despotes, il ignore leur histoire; et dans ce cas il a tort d'en parler.

S'il veut trouver de vrais despotes, il n'a pas besoin d'en chercher parmi les rois : le despotisme pousse à merveille dans les terres républicaines. Un *despote*, c'est le républicain Robespierre, qui fit tomber dans le panier de la guillotine des milliers de têtes, ne distinguant pas entre celle des enfants du peuple et celle des nobles ou des prêtres. Un *despote*, c'est le républicain Carrier, qui faisait lier ensemble un homme et une femme, et les précipitait ensuite dans la Loire, à Nantes : c'est ce qu'il appelait un *mariage républicain*. Un *despote*, c'est le républicain Collot d'Herbois, qui noyait la ville de Lyon dans le sang. Un *despote*, c'est le républicain Gambetta, qui, après notre désastre de Sédan, de sa propre autorité, sans mandat régulier, renverse les députés élus par le peuple, s'empare du pouvoir absolu, et, simple avocat, fait mouvoir nos armées et nos généraux comme les pions d'un échiquier !! En voilà des despotes, et des despotes très authentiques !

Selon M. Borrel, le roi despote a été remplacé par le peuple souverain. — Rép. Sous le régime actuel, le dogme de la souveraineté du peuple est tantôt une innocente *plaisanterie*, tantôt un *mensonge*.

1er cas. Si tous les citoyens étaient du même avis, je comprendrais cette souveraineté du peuple. Mais si le peuple français est divisé en deux fractions égales; si *quatre millions* d'électeurs veulent la monarchie, tandis que *quatre millions plus un* se prononçent en faveur de la république, quelle idée se faire de ce peuple souverain? Je me le représente comme un homme dont le *bras gauche* est souverain du *bras droit:* le premier use de sa souveraineté en frappant le second. Je me le represente encore comme un homme portant sur la tête une coiffure bizarre, composée de la moitié d'une couronne et de la moitié d'un bonnet rouge; une manche de son habit est en *drap bleu* de roi, l'autre est en *drap rouge* sang de bœuf. Mais dans cet accoutrement le peuple ressemble plutôt à un galérien qu'à un souverain! En d'autres termes, la souveraineté du peuple signifie: oppression de la minorité quelque importante qu'elle soit, par la majorité quelque faible qu'elle puisse être.

2me cas. Si nos gouvernants croyaient à la souveraineté du peuple, ils respecteraient la volonté de ce souverain. Mais ils ne le font pas. Je vais le prouver par quelques exemples.

Le peuple d'Aime a délégué son autorité à ses élus, les conseillers municipaux. Or, les élus du peuple décident qu'ils veulent garder leurs écoles *congréganistes*, dont ils sont très contents. M. le Préfet ne les écoute pas; il les force de subir des écoles laïques, de les payer comme contribuables. Et comme ils veulent des écoles congréganistes, ils sont obligés de mettre une seconde fois la main au porte-monnaie, et de payer encore pour les écoles de leur choix, comme chefs de familles.

Des milliers de faits semblables se produisent dans toute la France. Si le peuple était vraiment souverain, on mettrait des écoles laïques là où le peuple les réclame, et des écoles congréganistes là où il les demande. Quel est le souverain d'Aime? Assurément ce n'est pas le peuple.

Si le peuple est souverain, pourquoi donc interceptez-vous sa correspondance, Messieurs les Républicains? Dernièrement, le Comte de Paris a adressé une lettre aux maires, c'est-à-dire, aux *représentants du peuple*. Eh bien! cette lettre a été arrêtée à la poste. En vertu de quel principe? Il me semble qu'un souverain a droit de recevoir sa correspondance, qu'elle qu'en soit la provenance. S'il n'est pas content de la lettre qu'on lui envoie, il ne répondra pas, ou bien il répondra d'un ton irrité; mais dans *aucun cas* vous n'avez le droit de lui cacher les lettres qu'on lui adresse. Si vous le faites, vous ne le regardez plus comme votre souverain, mais comme votre pupille, comme un vulgaire prisonnier. Vous vous permettez à son égard ce que vous n'oseriez vous permettre à l'égard du dernier de vos domestiques.

Si le peuple est souverain, pourquoi voulez-vous l'empêcher de déléguer son autorité au général Boulanger ? (Je l'ai déjà dit, je suis loin d'être de son parti; mais j'observe, et j'écris mes impressions). Si le peuple est souverain, la loi qui interdira à M. Boulanger d'être nommé dans plus de deux circonscriptions électorales, sera radicalement nulle. En effet, cette loi sera faite par les représentants du peuple, élus en 1885. Mais il n'est pas nécessaire d'être très fort en droit pour savoir que le mandant en déléguant son autorité au mandataire ne s'en dépouille pas. Le peuple en nommant ses représentants, n'entend pas abdiquer ; il se réserve le droit naturel d'agir directement par lui-même quand bon lui semblera. De plus, le peuple de 1885 ne peut empiéter sur les droits du peuple de 1889. Je suppose donc que, malgré la loi, le peuple, agissant en maître et en souverain, s'obstine à mettre le nom du général Boulanger dans toutes les urnes électorales de France, que ferez-vous? Si vous respectez l'élection, votre loi est par terre; si vous ne la respectez pas, quel cas faites-vous du peuple souverain?

Je ne suis ni bonapartiste, ni boulangiste, mais j'avoue que je n'ai jamais compris comment les républicains pouvaient *logiquement* combattre les bonapartistes, dont le *credo* se réduit au dogme unique de la *souveraineté du peuple*. Car si le *peuple décide* qu'il veut un *empereur*, tout *bon républicain doit vouloir un empereur*, sous peine de refuser au peuple les prérogatives de la souveraineté.

CONCLUSION

C'est donc une *erreur* grossière de croire que nos ancêtres de 1789 étaient *esclaves* ou *serfs*.

C'est une *erreur* de croire qu'ils étaient très malheureux.. Les actes de mariages, les inventaires de cette époque, les articles de lingerie, de vaisselle, d'ameublement qui existent encore dans les anciennes familles, prouvent qu'ils jouissaient d'une aisance relative. Si les chemins de fer, le commerce et l'industrie moderne nous fournissent des ressources qu'ils n'avaient pas, la Révolution n'y est pour *rien;* nous ne lui devons de ce chef *aucune reconnaissance.*

C'est une *erreur* de croire que nous sommes très heureux aujourd'hui. Hélas! quand nous le serons, nous nous en apercevrons, sans que M. Borrel prenne la peine de nous l'apprendre. La vérité est que les bourses sont vides, et par suite, il n'y a point d'acquéreurs pour les propriétés rurales, dont le prix a diminué, depuis 10 ans, du *tiers* ou de la *moitié.* Le pauvre ne trouve plus à emprunter; celui qui a prêté ne peut plus obtenir le remboursement; les faillites se multiplient. Si le commerce est loin d'être prospère, ce n'est pas uniquement parce que nous ne sommes point en bons rapports avec l'Italie. Le commerce ne va pas, parce que les bourses sont vides, et chacun se restreint dans les dépenses. Les impôts augmentent sans cesse, et une partie de l'argent de l'impôt que nous payons, est employée à la construction des lycées de filles, à nourrir un certain nombre d'élèves dans les lycées de filles et dans les lycées de garçons, à entretenir des demoiselles dans les écoles normales, tandis que les Religieuses pourvoient de leurs propres deniers aux frais de leur instruction. De plus, *une* institutrice laïque coûte en moyenne 1000 francs par an, tandis que pour ce prix on pourrait avoir *trois* institutrices congréganistes. C'est la laïcisation qui ruine la France.

Si la Révolution de 1789 a opéré quelques réformes utiles, comme l'abolition de certains privilèges féodaux : droits de chasse, droit de colombier; si elle a remplacé la royauté absolue par la royauté constitutionnelle; si elle a établi le fonctionnement régulier de la représentation nationale, nous ne pouvons oublier d'un autre côté le mal qu'elle nous a causé. Elle a traqué nos prêtres comme des bêtes fauves, elle les a obligés de s'exiler; elle a fondu nos cloches, abattu nos clochers, pillé ou brûlé les richesses enfermées dans nos sacristies ; elle a vendu à vil prix, à des spéculateurs sans conscience, les biens qui servaient à l'entretien du clergé et à la nourriture des pauvres; elle a créé les assignats et fait banqueroute; elle a plongé la France dans une guerre qui a duré 22 ans. Elle a poussé la démence jusqu'à changer le nom des localités de notre pays; ainsi elle donna le nom ridicule de *Côte-Marat*, à la commune de Saint-Jean de Belleville. Elle a poussé la folie jusqu'à mettre une fille de mauvaise vie sur les autels, à la place de Dieu; et l'on brûlait l'encens devant cette infâme prostituée.

Ces faits sont notoires, incontestables, ils défient toute négation. Aussi, quand M. Borrel bénit cette Révolution, qu'il l'appelle *sainte*, c'est en vain que j'essaye de me mettre à l'unisson avec lui : la malédiction vient d'elle-même se placer sur mes lèvres.

Gardez-vous donc, habitants de la Tarentaise, de remplacer le catéchisme par la brochure de M. Borrel : il y a plus de vérités dans 58 lignes du catéchisme que dans les 58 pages de la brochure.

Votre bonheur ne consiste pas à crier : *Vive la République !* ni même à crier : *Vive le Roi !* Il consiste à faire régner

Dieu sur vous. C'est lui qui envoie les bonnes récoltes, qui commande au riche de secourir le pauvre, qui donne au pauvre la patience dans ses peines, par l'espoir d'une vie meilleure.

Mettez-vous du côté de ceux qui veulent faire régner Dieu. S'ils sont républicains, soyez républicains avec eux ; si, au contraire, ils sont royalistes, devenez royalistes.

FIN

www.ingramcontent.com/pod-product-compliance
Lightning Source LLC
LaVergne TN
LVHW020436230826
846091LV00004B/1515

* 9 7 8 2 0 1 6 1 5 7 9 5 4 *